COMMANDANT MARCHAND.   CAPITAINE BARATIER.

LES EXPLORATIONS DU NIL BLANC

I

Là où, vers 19° de latitude nord, au cœur de l'Afrique, le Nil et ses deux bras, Bahr-el-Azrek (Astapus), Atbara ou Takatzé (Astaboras), l'un et l'autre issus des hautes montagnes de l'Abyssinie, enserrent l'île de Méroé, se trouvait, suivant les anciens Grecs, le berceau de la civilisation égyptienne. La ville hiératique et commerciale qui y florissait déjà au temps d'Hérodote s'était assise à la limite septentrionale de cette mystérieuse Éthiopie, où le fleuve, présent des dieux, se grossissait de ses nombreux affluents, grâce auxquels il lui était possible, par ses débordements réguliers, de fertiliser les plaines égyptiennes établies sur son cours moyen et inférieur, dépourvu de tout tribut jusqu'à la mer. Au sud de Méroé commençait pour les géographes de l'antiquité la région décrite presque exactement par Homère (1) et où avaient lieu les hécatombes de taureaux et de béliers chères à Poseïdon. Quelques rares aventuriers seulement couraient le risque de remonter, d'ailleurs sans succès, le Nil vers ses sources inconnues (*Fontium qui celat origines Nilus*) (2). Un jour, le roi Psammetichos (Ψαμμήτιχος) de Saïs, au septième siècle avant notre ère, pour barrer le chemin aux envahisseurs et usurpateurs venant d'Éthiopie, comme on l'avait vu avant la dodécarchie, envoya de ce côté ses meilleures troupes d'Égypte, mais on ne les revit plus, soit qu'elles eussent péri jusqu'au dernier homme, soit que, lasses d'attendre leur rappel pendant trois longues années, elles eussent passé à l'ennemi. Cambyse conçut,

---

(1) Les descriptions d'Homère en ce qui concerne l'Éthiopie et les mœurs de ses habitants concordent singulièrement avec tout ce que nous savons de l'Abyssinie. (C. S.)
(2) HORACE, *Odes*, IV, 14, 65.

environ cinquante ans plus tard, le projet de s'emparer du royaume des Éthiopiens. Il ne réussit pas même à l'atteindre : toute son armée succomba dans le désert à la faim et à la soif. Plus tard encore les Ptolémée tentèrent, à leur tour, de réaliser cette conquête, qui se borna simplement pour eux à la capture de quelques éléphants (1).

Ni les Grecs, sans en excepter Eratosthène, ni les Égyptiens, en y comprenant le grand Ptolémée, contemporain d'Antonin le Pieux, ni les Romains, et parmi eux Pline l'ancien, Strabon, n'eurent une idée précise des sources du Nil. Les géographes arabes donnent au douzième et au treizième siècle de notre ère des indications plus proches de la vérité. Ce que disent à cet égard Edrisi (1099-1165) et Aboulfeda (1273-1331) tient évidemment à une connaissance plus étendue de cette partie de l'Afrique. Cependant le premier qui toucha pour ainsi dire du doigt la solution du problème fut un Français, Jean-Baptiste Bourguignon d'Anville (né en 1697 à Paris, mort en 1782). La carte qu'il dressa en 1749 d'après les données arabes est presque une œuvre de génie par la clarté des hypothèses qu'elle suggère et qui sont très voisines de la réalité des faits. Dans sa *Dissertation sur les sources du Nil*, qui complète ce premier travail et qui parut en 1754, il énonce cette opinion importante à relever : « Ce que nous savons jusqu'ici du Bahr-el-Abiad, c'est qu'il coule parallèlement au Bahr-el-Azrek, avec une distance entre eux de douze, quinze ou vingt journées de route, ce qui permet de supposer un cours très large. » Malheureusement pour la science, les guerres de religion dirigées contre les Arabes et contre les populations africaines qui embrassèrent l'Islam privèrent l'Europe de nombreux trésors de renseignements. La marche en avant des conquérants européens refoula les nègres, principalement les Chillouks du Bahr-el-Ghazal, qui, suivant dans des milliers d'embarcations le chemin du fleuve vers les lacs, allèrent chercher un refuge si loin que plusieurs siècles s'écoulèrent avant qu'ils ne fussent rejoints par les pionniers. Toujours est-il que les explorations de la vallée du Nil furent abandonnées jusqu'au seizième siècle.

Ce furent les Portugais qui, après le grand voyage de Vasco de Gama, firent connaître à l'Europe, à la suite du séjour de Covilhan à la cour du prêtre Jean (2), quelques détails sur le Choa et l'Abyssinie. Les relations échangées dès ce moment entre ces pays et le Portugal y conduisirent quelques hommes de mérite, comme Francisco Alvarez, Pedro Paez, Jérôme Lobo, dont les curieuses relations firent successivement un peu de lumière sur les sources du Nil. Toutefois, les incertitudes subsistèrent, et ceux-là mêmes qui parlaient de la région pour l'avoir vue contribuaient à répandre les erreurs géographiques en les accréditant. Tel l'Anglais James Bruce, qui confondit le Nil Blanc avec le Nil Bleu, quoiqu'il eût exploré l'Abyssinie pendant plusieurs années. Bruce mettait les sources du fleuve trop à l'est. Lorsque d'Anville eut démontré qu'il se trompait, on s'empressa de verser dans un système contraire, tout aussi

(1) Pline l'ancien raconte que les chasseurs d'éléphants au service du roi d'Egypte pénétrèrent dans ces régions au delà du désert lybique, où était suivant lui l'habitat primitif de ces pachydermes et où les Romains ne parvinrent jamais à porter leurs armes, même au temps de leurs plus glorieuses expéditions militaires. Suivant Ritter, ces grandes chasses royales s'étendirent jusqu'au détroit de Bab-el-Mandeb et jusqu'au cap Guardafui. (C. S.)

(2) Voir *Bibliothèque illustrée des Voyages*, n° 29, *Vasco da Gama*. Introduction par Charles SIMOND.

fautif, en les plaçant trop à l'ouest. La principale cause de ces méprises scientifiques résidait dans l'interprétation erronée des documents arabes et, par suite, dans la confusion du cours du Nil avec celui du Niger, comme l'avaient fait déjà Hérodote et Pline l'Ancien. On s'obstina si complètement dans cette théorie que l'on prit pour le Tchad un des lacs identifiés plus tard par Stanley. Théorie simplement conjecturale qui fit reporter jusqu'au 10° de latitude nord le lieu où naît le fleuve. Toutes les

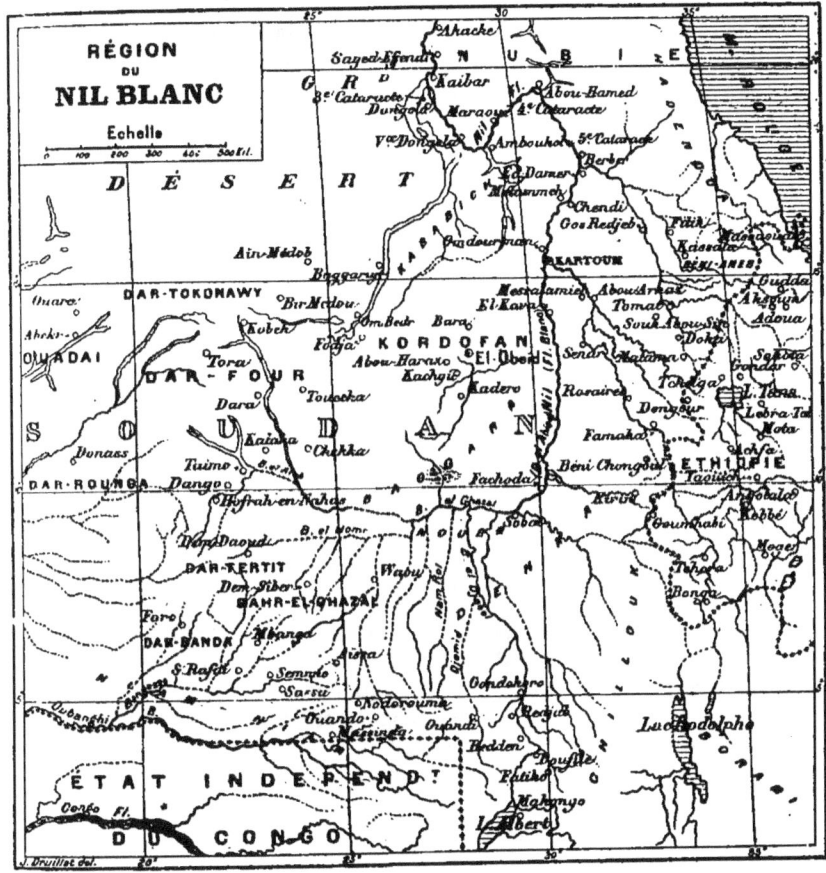

CARTE DU NIL BLANC AVANT LA CONVENTION FRANCO-ANGLAISE DE 1894.

cartes de la fin du dix-huitième siècle et même celles du commencement du dix-neuvième portent cette mention chimérique.

II

Le plan grandiose de Mehemet-Ali, en 1821, de fonder un vaste empire arabe s'étendant sur les deux rives du Nil fut le point de départ d'une nouvelle conception du problème si passionnément controversé. La fondation de Khartoum, au confluent du Nil Blanc et du Nil Bleu, donna un centre d'opération à l'ambitieux vassal révolté de la Sublime-Porte.

Ismaïl, fils de Mehemet, partit de là pour tenter la soumission du pays compris entre le Bahr-el-Abiad, le Tacazzé et le Bahr-el-Azrek. Il était accompagné du géologue français Caillaud, qui avait déjà exploré la Lybie et les côtes de la mer Rouge, et qui fut chargé des observations scientifiques dans les régions immenses qu'on pourrait découvrir.

Caillaud reconnut l'île de Méroé, démontra à l'exemple de d'Anville l'erreur de Bruce, compara les cours du Nil Blanc et du Nil Bleu et remonta le Bahr-el-Azrek jusqu'aux confins de l'Abyssinie. Il fut arrêté dans ses travaux par une insurrection qui éclata parmi les habitants, assaillis, pillés, massacrés ou réduits en esclavage par les soldats d'Ismaïl. Échappé aux vengeances des rebelles, qui délivrèrent l'armée du conquérant, le savant français put revenir en Égypte, où il réunit ses notes, qui furent publiées.

Dans l'intervalle, d'autres géographes, Linant de Bellefonds (1827), Eyrenberg, Hedenstròm, Rüppell (1832), von Russegger, explorèrent les alentours de Khartoum, mais leurs investigations ne purent s'étendre qu'aux pays arabes déjà sous l'autorité ou l'influence de Mehemet-Ali. Les troupes égyptiennes se rendaient odieuses en semant la terreur partout où elles passaient, n'épargnant dans leurs *gazouah* (chasse à l'homme) ni les femmes ni les enfants, brûlant les récoltes et couvrant le pays de ruines. L'Europe mit fin à cette situation en intervenant en Égypte pour obliger Mehemet-Ali à changer d'attitude. Le khédive parut céder à ces remontrances. Et, afin de rassurer les esprits, il entreprit en personne une exploration du Haut-Nil Dans ce long et périlleux voyage, il emmena, outre son escorte militaire, plusieurs savants égyptiens et européens. Ceux-ci lui avaient persuadé qu'il serait plus glorieux que tous les conquérants, s'il découvrait les sources du fleuve. Au vrai, son but était surtout de visiter les nouveaux gisements d'or qui appartenaient à ses États et dont on avait commencé l'exploitation. Il dissimula néanmoins son véritable dessein sous de belles promesses d'affranchissement des esclaves, avec des plans de réformes, qui s'arrêtèrent aux paroles.

L'expédition scientifique partit de Khartoum le 16 novembre 1839 et y revint le 1er mars 1840. Elle était dirigée, en ce qui concernait la navigation, par le capitaine de vaisseau Selim Bimbaschi, ayant sous ses ordres un équipage de quatre cents hommes montés sur une douzaine de canonnières avec une quinzaine de petites barques chargées des provisions. Selim Bimbaschi avait l'ordre exprès de ne point user d'hostilités envers les populations du Haut-Nil, mais de se montrer au contraire bienveillant afin d'inspirer la confiance. Ces ordres ne furent pas exécutés. Les marins et les soldats étaient des Turcs, qui ne purent maîtriser la férocité de leur caractère. Ils firent feu sur les indigènes à la première rencontre et l'expédition dut rebrousser chemin.

Selim Bimbaschi échoua dans ses recherches. Mehemet-Ali mit l'échec sur le compte des difficultés de l'entreprise et parut d'abord décidé à ne pas la renouveler. Les louanges que lui adressaient les journaux français le firent revenir sur cette résolution. Il consentit à ne pas exercer de représailles contre les naturels, qui n'avaient fait que se défendre, et une seconde expédition fut organisée, puis une troisième. Des ingénieurs français : Arnaud, Sabatier, Thibaut, et avec eux un naturaliste médecin allemand, le docteur Wern, en dirigèrent les travaux. Leur escorte se composait de 250 soldats nègres, égyptiens et syriens; l'équipage comprenait 150 matelots soudanais et nubiens. On traversa le pays des Chillouks, des Dinkas et des Bari jusqu'aux environs de Gondokoro. Le voyage dura cinq mois (du 23 novembre 1840 au mois d'avril 1841). Il ne servit qu'à déterminer quelques positions astronomiques, à relever quelques points topographiques et à préciser certaines observations météorologiques. Le docteur Wern en publia la relation, et ses collections enrichirent le musée ethnographique de Berlin : armes, outils et instruments, ornements des naturels, produits du pays. La troisième expédition confiée à Arnaud se termina par un naufrage.

Mehemet-Ali ne consentit point à défrayer d'autres recherches. Au fond, ce qu'il voulait, c'était une découverte de mines d'or, et celles-ci restant cachées, il s'abstint de grever davantage son budget. Cependant l'élan était donné, et l'initiative privée allait bientôt reprendre la route jalonnée par le vice-roi. En 1849, le docteur Knoblecher, avec deux compagnons animés de la même foi que lui, don Angelo Vinco et don Emanuel Pedemonte, s'engagea dans le pays des Chillouks et y séjourna plus d'un an. Il y constata plusieurs faits qu'on n'avait pas observés avant lui, notamment sous le rapport ethnographique. On ne saurait oublier que le succès de ce voyage revient surtout au pilote Suleiman Abou Zaïd, un Nubien, dont le nom n'a, par une ingratitude des plus regrettables, pas été inscrit dans les annales africaines de notre siècle.

Les explorations de Knoblecher rendirent de grands services à la science. Elles permirent d'établir : 1° que les Monts de la Lune devaient être cherchés plus au sud; 2° que les sources du Nil n'étaient ni plus à l'est ni plus à l'ouest, comme on le supposait dans les deux camps scientifiques, mais voisines de l'équateur.

C'est de 1850, avec Knoblecher, puis, immédiatement après, avec les deux frères d'Abbadie, les hardis pionniers de l'Éthiopie, que datent les grandes découvertes dans ces régions. Bien des noms peuvent être cités dans cette liste d'hommes hardis qui affrontèrent des périls sans nombre pour pénétrer ce mystère du continent noir et lui arracher son secret. Parmi ces noms, beaucoup appartiennent à des Français.

III

La région du Haut-Nil ne devait cependant être connue exactement qu'au bout de quarante années d'efforts et de persévérance, et plusieurs de ceux qui l'explorèrent y furent victimes de leur dévouement, comme Alexandra Tinné. Rappelons seulement les explorations de Burton et Speke, qui découvrirent le lac Tanganyka et le lac Victoria; celles de Samuel Baker, qui vit le premier le lac Albert; de Stanley, qui fit la découverte du lac Albert Édouard, réservoir supérieur du Haut-Nil, jusqu'à lui inconnu; de Schweinfurth, qui séjourna parmi les Chillouks du Bahr-el-Ghazal et décrivit leurs mœurs dans un livre admirable.

La période la plus remarquable dans l'histoire contemporaine du Haut-Nil fut celle de l'administration des provinces égyptiennes de cette région par Emin-Pacha. Nommé par Gordon à ce poste difficile, il y créa en deux ans, de 1878 à 1880, une organisation qui pacifia le pays et commençait déjà même à le rendre prospère, lorsque éclata l'insurrection du Mahdi, dont le dénouement fut la prise de Khartoum et l'assassinat de Gordon. Emin avait résisté pendant quelque temps aux rebelles en leur infligeant plusieurs défaites. A la fin il dut opérer sa retraite du côté de l'Ouganda. Retenu par le roi de ce pays avec quelques compagnons, entre autres Casati, il fut délivré malgré lui après de nombreuses péripéties par Stanley. Quant au Soudan Égyptien, l'Égypte dut le laisser aux mains des mahdistes.

Ils en restèrent les maîtres pendant quatorze ans. La victoire d'Omdourman par le sirdar Kitchener vient d'y détruire leur empire.

IV

Ce dernier événement, de date toute récente, a introduit un nouveau sujet de litige dans la question du partage de l'Afrique. Celle-ci est presque complètement tombée sous la domination plus ou moins effective des puissances européennes. Seule la région comprise entre la Tripolitaine, l'Égypte, l'Abyssinie, le Congo français et le lac Tchad est encore l'objet de discussions entre ceux qui la convoitent, chacun tâchant à y exercer une suprématie exclusive. La France et l'Angleterre, étant données leurs positions acquises, paraissent appelées à recueillir dans un avenir plus ou moins prochain ces territoires, soit par annexion, soit par protectorat ou par influence.

C'est la partie suprême qui se joue en Afrique.

Cependant, si l'émulation peut être dans certains cas une bonne chose, elle devient funeste lorsque l'une des parties en procès s'arroge le droit de faire main basse sur tout le territoire contesté en affirmant que les pays considérés comme *res nullius* ne peuvent appartenir qu'à elle.

Or, il est évident que dans ce qu'on peut appeler la législation coloniale internationale les titres du premier occupant priment tous les autres et doivent prévaloir contre toute prétention de celui qui n'arrive qu'en second lieu là où il y a encore un drapeau européen à planter.

Nous avions devancé à Fachoda l'Angleterre. En vain elle soutient que le Bahr el Ghazal est implicitement à elle comme tutrice du khédive. L'assimilation de cette région à un bien de mineur n'est pas admissible. Les pages qu'on lira plus loin le démontrent à l'évidence. Est-ce à dire que notre diplomatie, notre gouvernement et notre Parlement, souvent trop divisés, s'uniront pour repousser ces prétentions britanniques, et que, même en opérant avec autant de prudence que d'habileté, nous parviendrons à avoir gain de cause? Il y a là une question très complexe qui ne saurait se trancher impérativement. On l'a vu, tout dernièrement, par ce qui s'est passé à propos de l'occupation de Fachoda. La France a jugé bon d'abandonner ce point, qui lui appartenait; et en faisant cette concession, elle a donné la preuve qu'elle voulait arriver à un règlement pacifique du débat. La solution du différend réside maintenant tout entière dans la décision à prendre par les puissances intéressées au sujet de l'Égypte. L'Angleterre consentira-t-elle à l'évacuer et à laisser le Khédive gouverner par lui-même sans ingérence britannique dans son administration? Cette neutralité, conforme aux droits respectifs de tous les intervenants au débat égyptien, est seule de nature à donner satisfaction à la France. Mais cette satisfaction, l'obtiendrons-nous? Ce sera la question de demain.

Charles SIMOND.

VILLAGE DINKA.

FACHODA ET LE BAHR-EL-GHAZAL

Le Bahr-el-Ghazal est une région actuellement occupée par la France, placée au sud du Darfour et du Kordofan; à l'ouest, mais bien au delà, de l'Abyssinie et du Nil Blanc; au nord de l'État du Congo, à l'est du Dar-Fertit et du Dar-Banda. Cette région, très peuplée au temps de la domination égyptienne (1), a perdu un très grand nombre de ses habitants à la suite des ravages des mahdistes; la prospérité d'autrefois a fait place en beaucoup d'endroits à la désolation, mais le fonds du pays est excellent, et nul doute que sous une égide européenne le Bahr-el-Ghazal et ses dépendances ne deviennent des pays d'un grand avenir, une source de profits pour les possesseurs, qui, en échange, assureront aux habitants l'ordre et la sécurité.

Le nom de Bahr-el-Ghazal désigne à la fois la rivière de ce nom ou Fleuve des Gazelles et le pays arrosé par ce cours d'eau et ses affluents (2).

Le Bahr-el-Ghazal, appelé aussi Pays des Rivières, à cause de la quantité innombrable de ses cours d'eau, est un vaste triangle compris entre le Bahr-el-Djebel ou Nil Blanc, le Bahr-el-Arab et la ligne de partage des eaux des bassins du Nil et du Congo. Cette région est arrosée par tous les cours d'eau se jetant dans le Nil,

---

(1). Elle comptait alors certainement 5 à 6 millions d'habitants.
(2) Voir l'étude excellente publiée par M. J. SERVIGNY dans la *Revue française* (février 1898).

sur sa rive gauche; en effet, du confluent du Bahr-el-Ghazal jusqu'à la Méditerranée, le Nil ne reçoit pas un seul affluent sur sa gauche.

L'altitude moyenne du pays est de 800 mètres; une différence très faible de niveau sépare les tributaires du Nil de ceux du Congo.

Le Bahr-el-Arab ou fleuve des Arabes, qui constitue la limite septentrionale de la région, est aussi en quelque sorte la limite climatérique. Au sud du Bahr-el-Arab, des pluies abondantes donnent naissance à une multitude de rivières; au nord, au contraire, c'est un contraste absolu : des lits desséchés de cours d'eau qui ne s'emplissent qu'un instant, à l'époque des pluies diluviennes. Au sud, on trouve des éléphants et des singes en abondance, ainsi que la fameuse mouche tsetsé, le grand fléau du bétail ; au nord, cette mouche ne se voit plus.

Les Européens peuvent vivre dans cette région, à la condition de se tenir éloignés des marécages du bas-pays. Casati et Emin ont pu y passer dix années, au milieu cependant de circonstances très difficiles.

Le sol du Bahr-el-Ghazal est généralement fertile et les récoltes y sont abondantes. Dans ce pays riche en produits de toute nature avec ses 350,000 kilomètres carrés, soit les deux tiers de la France, la population, évaluée par Reclus à 3 millions d'habitants, serait bien plus nombreuse si elle n'avait pas été la proie des négriers. Les marchands arabes, après avoir pillé et dévasté une zone, allaient installer plus loin leur station fortifiée ou *zeriba* et dirigeaient vers l'Égypte et la mer Rouge de longues files d'esclaves. La conquête égyptienne ne mit pas fin à ce trafic odieux, qui s'exerça seulement d'une façon moins ouverte. Quand Gessi-Pacha, Italien au service de l'Égypte, fut nommé gouverneur du Bahr-el-Ghazal, il voulut empêcher la chasse à l'homme : il provoqua aussitôt un soulèvement des Arabes, et il n'eut que par la force raison du grand négrier Soliman, fils de Zibehr. La capitale, Dem Soliman, le centre le plus important du Bahr-el-Ghazal, fut prise d'assaut et le négrier fusillé. La tranquillité était revenue dans le pays, lorsque l'invasion mahdiste vint y accumuler de nouvelles ruines après avoir triomphé de Lupton-bey, successeur de Gessi, qui succomba sous les coups des envahisseurs.

Le cours du Bahr-el-Ghazal, qui forme la limite orientale du

GUERRIERS ET MUSICIENS CHILLOUKS.

Pays des Rivières, est souvent parsemé d'obstacles résultant de l'agglomération d'herbes et de débris rendant la navigation

AU BAHR-EL-GHAZAL. — PASSAGE D'UNE RIVIÈRE.

pénible. Ces barrages du Nil proviendraient de l'insuffisance de pente, qui occasionnerait d'immenses débordements; les eaux du fleuve envahissent les terres et forment des lagunes entrecoupées de passes libres. Ces lagunes, appelées *meha* ou *foula*, suivant leur profondeur, subsistent même pendant la saison sèche. A l'époque des pluies, elles créent, en raison de leur nombre et de leurs dimensions, des obstacles à la navigation.

Par suite des crues et des orages violents, les herbes sont arrachées et charriées vers le Nil. Aux points de rétrécissement du fleuve, ces paquets d'herbe agglomérés s'écoulent difficilement d'abord, puis peu à peu s'amalgament et s'entassent au point de former un barrage complet dont l'épaisseur et la résistance sont suffisantes pour porter l'homme.

Parfois ces masses flottantes finissent par se consolider et se couvrent alors d'une végétation arborescente. Les eaux coulent en dessous ou se détournent de leur cours.

Les Nouers, tribu qui habite la région marécageuse située au confluent du Nil et du Bahr-el-Ghazal, s'établissent sur ces barrages et se nourrissent de poissons qu'ils prennent en perçant le sol.

Le Nil a toujours présenté ces obstacles et, pendant sept ans, de 1870 à 1877, une partie du Bahr-el-Djebel fut à ce point barrée que la navigation ne put être tentée que par la branche du Bahr-el-Zaraf ou fleuve des Girafes. En 1880, Gessi-Pacha, descendant de Khartoum avec 400 soldats et des esclaves libérés, se trouva bloqué avec son vapeur sur le fleuve.

Trois mois s'écoulèrent avant que l'Autrichien Marno pût parvenir à le dégager. Pendant ce temps, la plupart de ses hommes étaient morts de maladie ou de faim.

Ces arrêts naturels sont plus rares dans le Bahr-el-Ghazal, qui, à l'époque des crues, roule une masse d'eau assez puissante pour balayer les barrages formés par le Nil en aval de son confluent.

En présence de ce fourré impénétrable que les indigènes appellent un *sed*, les barques sont obligées de stopper, et les vapeurs eux-mêmes, malgré leur force d'impulsion, ne peuvent arriver à se frayer un passage. Les roues sont prises dans un enlacement d'herbes et l'embarcation est en quelque sorte prisonnière. Alors l'équipage saute à l'eau et, armés de faux, — et ce cas est toujours prévu — tous coupent les herbes, puis s'efforcent de remettre le bateau en mouvement pendant que les hommes restés à bord aident à la manœuvre avec des longues perches, en accompagnant leurs efforts, suivant l'usage, d'une chanson cadencée.

Les principales rivières qui ont de l'eau toute l'année ne sont guéables que pendant la saison sèche; à l'époque des pluies, leur crue est considérable et elles sortent souvent de leur lit. Ce sont, en se dirigeant de l'ouest à l'est : le Pango, le Soueh et le Djour, qui réunissent leurs de Meschra-el-Rek; le Djaou, le Rohl, le Jeï. Ces cours d'eau, qui coulent dans la direction sud-nord, portent plusieurs noms selon le territoire des tribus qu'ils traversent (1).

* * *

Les principales localités du Bahr-el-Ghazal ont suivi les vicissitudes politiques du pays et ont été toutes des centres marquants, puis des cités déchues. Ajak ou Doufalla, sur le Rohl, au temps florissant de la traite, était une *zeriba* (village fortifié) fondée par des marchands arabes et entourée d'un fossé profond.

Non loin de là se trouve Roumbeck, appelée aussi Rohl, comme la rivière et la tribu de ce nom, autre *zeriba* importante et chef-lieu d'une *moudirieh*, au temps de l'occupation égyptienne. Dans cette ville, le port des vêtements était un signe distinctif de religion; à l'exception des femmes des Arabes, aucune autre n'avait le droit de se montrer vêtue. Roumbeck, où le gros de la population appartient à une branche de la grande famille Dinka, faisait autrefois un commerce assez important d'ivoire, de caoutchouc, de coton et de plumes d'autruches.

Au nord-ouest de Roumbeck s'élève Djour-Ghattas, la principale *zeriba* de la région, située au milieu d'une plaine fertile, dans la zone qui sépare les savanes marécageuses des terrasses couvertes de prairies et de bois. C'est un marchand grec du nom de Ghattas, enrichi dans le commerce de l'ivoire et des esclaves, qui a donné son nom à cette localité habitée par des Djours. Une rivière qui porte aussi le nom de cette tribu arrose le pays. Le Djour a un débit assez fort pendant toute l'année; ses eaux sont peuplées de crocodiles. Gessi-Pacha avait ouvert le Djour à la navigation en le débarrassant des papyrus et des hautes herbes qui en obstruaient le cours.

A une centaine de kilomètres vers le nord, près du confluent du Djour et du Momoul, est bâtie Meschra-el-Rek (embarcadère du Rek). C'est là que commence la navigation du Bahr-el-Ghazal et que se forment les caravanes qui se dirigent vers l'ouest et vers le sud. La région comprise entre Djour-Ghattas et Meschra-el-Rek est plate et, en raison de l'insuffisance des pentes, se transforme facilement en marécage à l'époque des pluies.

Au nord-ouest de Djour-Ghattas se trouvent Kout-chouk-Ali, où l'explorateur Schweinfurth avait fait de beaux jardins de bananiers, citronniers et orangers; puis Vaou, dont les grandes forêts fournissent des bois de construction pour les bateaux naviguant sur le Djour.

(1) C'est le cas général d'ailleurs pour beaucoup de régions africaines; aussi, suivant le point où un cours d'eau est atteint par un explorateur, ce dernier l'entend-il appeler par les riverains d'un nom différent de celui d'un autre point.

Enfin, à l'ouest de Djour-Ghattas, se dresse, sur le Bili, la *zeriba* de Dem-Ziber ou Dem-Soliman, bâtie il y a une trentaine d'années par Ziber-Pacha et résidence de son fils Soliman, ces deux grands trafiquants d'esclaves que Gessi-Pacha dut mettre à la raison. Soliman y avait construit un palais et la ville était la seule du Bar-el-Ghazal qui possédât une mosquée. Les Égyptiens en firent la capitale de la province. Elle devint alors une cité populeuse, aux nombreux magasins approvisionnés de denrées européennes; ses artisans étaient célèbres par leur habileté. Aujourd'hui, bien que située au croisement des routes du Kordofan, du Darfour et du Congo, elle est presque complètement déserte, n'ayant pour habitants que les indigènes dinkas. Lorsque notre compatriote M. Liotard en prit possession, en 1896, il dut, avant tout, y attirer des habitants et se préoccuper, tant était grande la pénurie des ressources locales, d'assurer la subsistance du poste qu'il y établissait.

EMIN-PACHA.

Les indigènes, en présence desquels se trouvent les missions françaises, appartiennent plus particulièrement aux familles des Asandès et des Dinkas. Les premiers se rapportent plutôt au bassin du Haut-Oubanghi; les seconds, au bassin du Nil.

Les Sandès ou Asandès, appelés aussi Niam-Niam, forment une importante famille qui occupe toute la région touchant à la ligne de partage des eaux du Nil et de l'Ouellé-Makoua, au nord-est de l'État du Congo.

De taille moyenne, ils ont la peau d'un brun rougeâtre. Les hommes attachent leurs cheveux en petites tresses retombant du sommet de la tête. Parfois ils se tatouent, mais le plus souvent ils se dessinent des lignes tracées en noir avec le suc du gardenia. Leur vêtement unique se compose d'un morceau d'écorce battue, et la coiffure est un chapeau d'herbes tressées ayant l'aspect d'un pot de fleurs. Les femmes enroulent leurs cheveux à l'aide de petits paquets d'herbe. Les jeunes filles et les enfants ont le costume le plus primitif. Les femmes ne portent pourtout vêtement qu'une bande d'étoffe très étroite en forme de ceinture. Elles ont l'habitude de s'oindre le corps d'huile de palme et de le frotter avec de la poudre de bois rouge. Les hommes comme les femmes ont des anneaux en fer au cou, aux poignets et aux chevilles et piquent dans leurs cheveux des épingles en ivoire ou en os de singe ou d'homme.

— 13 —

Les Asandès sont armés de lances, de boucliers, d'arcs et de flèches. Beaux parleurs, chasseurs et guerriers, ils sont cependant hospitaliers. Les femmes ont soin du ménage et s'occupent des

SUR LE NIL BLANC.

travaux des champs. Les hommes font rarement autre chose que chasser, mais quelques-uns s'adonnent aux petits métiers et fabriquent des ornements en fer, des paniers des ceintures en paille, etc. Ils sont anthropophages lorsque l'occasion s'en présente. Ils sont apathiques et indisciplinés, mais non dangereux. Leurs sultans Bangasso Rafaï, Senio et Tamboura ont bien accueilli la mission Marchand.

Fort-Hossinger est sur l'extrême limite des Niam-Niam ; à quatre ou cinq jours au delà, on rencontre les Dinkas.

Les Dinkas sont répandus sur tout le territoire du Bahr-el-Ghazal. On en trouve même sur la rive droite du Nil. D'après l'explorateur italien Casati, qui vécut dix ans sur le Haut-Nil, « la famille dinka comprend de nombreuses tribus, très différentes par les coutumes et les mœurs, mais toutes d'un caractère facile, ne se passionnant que pour la chasse aux animaux sauvages. Les Dinkas sont timides quand ils entrent en relations avec les étrangers. D'un physique agréable, avec des membres vigoureux et souples, ils se montrent d'une grande supériorité à la course et manient la lance et l'arc d'une façon remarquable ; ils n'ont aucune constitution politique à proprement parler ; le gouvernement est tout patriarcal : les villages ont à leur tête des chefs jouissant de privilèges héréditaires. Les habitations sont en paille, de forme conique, d'une propreté admirable et relativement spacieuses. Les hommes se couvrent d'une peau de chèvre attachée aux reins ; beaucoup cependant sont complètement nus ; les femmes portent constamment deux de ces peaux qui retombent à la hauteur du genou.

« Les Dinkas ont l'habitude de dormir sur un lit de cendres, soit pour se mettre ainsi à l'abri des myriades d'insectes, soit pour atténuer les effets de l'abaissement considérable de la température pendant la nuit. Rien n'est plus étrange qu'un village dinka lorsque, le matin, tous ces fantômes blanchâtres se lèvent.

« Ils ont ordinairement les oreilles percées de plusieurs trous, dans lesquels ils passent de petits anneaux en fer ; les hommes portent aux bras des cercles d'ivoire ; les femmes, des cercles de fer aux chevilles et aux poignets. De même que beaucoup d'autres races nègres, ils s'arrachent deux des incisives inférieures.

« Les Dinkas se nourrissent rarement de viande. Ils ont en horreur la chair de l'hippopotame et du crocodile. Leurs aliments préférés sont les laitages et les farineux, et leur boisson est une bière préparée avec le sorgho. Ils estiment tout particulièrement une bouillie faite avec du beurre, du miel et du lait. Tous leurs vases sont lavés avec de l'urine de vache ; ils ne connaissent pas le sel. Ils fabriquent leur beurre d'une façon particulière : le lait est versé dans une courge que l'on bouche et une personne assise sur deux petits escabeaux de bois place la courge sur ses genoux et la secoue de droite à gauche en la frappant alternativement des deux mains, par coups réguliers et cadencés ; l'opération exige un certain temps pour séparer le beurre du lait en grumeaux plus ou moins gros.

« Les Dinkas professent un culte tout particulier pour les serpents ; il n'est pour ainsi dire pas de case qui ne renferme quelque reptile, un python le plus souvent. Ces animaux, nourris de lait, sont si familiers qu'ils obéissent à la voix de la maîtresse du logis. Comme les Dinkas sont polygames, cette maîtresse est la première épousée. La femme s'achète aux parents : le nombre des femmes d'un Dinka est donc en rapport avec sa fortune. C'est sous la direction et la surveillance de cette maîtresse du logis que les autres vaquent à la préparation des aliments, à l'approvisionnement de l'eau et du bois, à la culture des champs, à l'entretien des étables à vaches et à chèvres (1) ».

Ces Dinkas, dont certaines tribus vivent constamment dans les marais, ne sont pas sans avoir quelque analogie avec les échassiers qui y habitent. Ils ont de longues jambes décharnées et de larges pieds plats. A l'instar des cigognes, dit M. J. Servigny, ils ont pris l'habitude de se tenir immobiles sur une jambe et d'appuyer l'autre au-dessus du genou. Suivant Th. de Heuglin, qui rapporte cet usage, ils se reposent ainsi durant une heure entière.

Dans les plaines fertiles du Bahr-el-Ghazal, les cultures auxquelles se livrent les indigènes comprennent le sorgho, les fèves, les courges, le sésame et le tabac. On y rencontre aussi des bananiers, des dattiers, des citronniers, des orangers. Les Dinkas sont graissés des pieds à la tête de bouse de vache et répandent une odeur nauséabonde qui fait fuir les nuées de mouches.

Éleveurs passionnés, ils ont pour le bétail les plus grandes attentions. Lorsqu'un de leurs animaux tombe malade, ils le mettent aussitôt dans une étable à part et le soignent de leur mieux. Ils ont le plus grand respect pour la vache, dont ils recueillent précieusement, pour tous les usages domestiques, la bouse et l'urine. Cette dernière sert à teindre la chevelure de ceux qui ne se rasent pas la tête.

Les Dinkas, assez habiles ouvriers, ont la réputation d'être bons cuisiniers. La mission Marchand a constaté qu'ils sont cupides et voleurs. Ils ont le plus grand mépris pour les armes à feu et l'habitude de foncer sur leurs ennemis en se bouchant les oreilles avec de l'étoupe et en s'armant d'une simple massue en bois.

En s'avançant à l'est vers le Nil, la mission Marchand s'est trouvée en contact avec les Bongos. Ces derniers forment une importante peuplade, établie entre les Niam-Niam et les Dinkas dans les régions supérieures du Tondi et du Djaou. Ils ne ressemblent guère aux Dinkas ; ils s'en distinguent surtout par la forte musculature de leurs membres, et n'ont pas les jambes d'échassiers des tribus du marécage. D'après l'explorateur Schweinfurth, les hommes ne sont pas nus comme la plupart des indigènes du Bahr-

---

(1) G. CASATI, *A travers l'Equatoria* (Firmin-Didot).

el-Ghazal; ils portent un lambeau d'étoffe et un grand nombre d'anneaux de fer qui forment brassard. « Les femmes n'ont point de pagne; elles s'attachent seulement à la ceinture une branche feuillue ou des touffes d'herbes. Pour elles, les ornements par excellence sont les clous ou les plaques de métal qu'elles se passent

M. LIOTARD, GOUVERNEUR DU HAUT-OUBANGHI.

à la lèvre inférieure; souvent on rencontre des femmes ayant la lèvre pourvue d'une rondelle assez grande pour qu'elle puisse servir de plat pour la nourriture. En outre, les élégantes s'introduisent des chevilles dans les commissures des lèvres, dans les narines, sur toutes les saillies et dans tous les plis du corps; il en est qui se sont ainsi épinglées en cent endroits différents (1). » Les

(1) Dr SCHWEINFURTH, *Au Cœur de l'Afrique* (Paris-Hachette).

femmes s'affublent aussi d'une queue qui, en se balançant dans leur marche lourde, leur donne une allure d'animal.

FACHODA.

Les Bongos se distinguent par leur douceur et leur amour du travail. Ils sont plus cultivateurs que pasteurs, et non seulement les femmes, mais encore les hommes, s'adonnent aux travaux de la terre et en retirent d'abondantes récoltes. Leur nourriture se compose, outre les végétaux, de viandes de toutes sortes, dont quelques-unes sont assez répugnantes. Ils mangent avec délices les vers intestinaux du bœuf, les scorpions, les larves de termite et autres animaux rampants. Tous les goûts sont dans la nature!

Ils sont excellents forgerons. Ils croient à la métempsycose et sont convaincus que les âmes des vieilles femmes passent dans le corps des hyènes; aussi, se gardent-ils bien, d'après Schweinfurth, de tuer ces animaux, de peur d'atteindre quelque membre de leur famille.

Le pays du Bahr-el-Ghazal, connu depuis relativement peu de temps, fut visité par Schweinfurth en 1869-70; il y trouva une vie exubérante, grâce à la culture, à l'élève du bétail, à la chasse et à la pêche.

Fachoda est en dehors de la région du Bahr-el-Ghazal. Ce point stratégique tant disputé se trouve sur la rive gauche du Nil Blanc. La région environnante est riche en troupeaux de moutons. Les habitants sont les Chillouks, qui vivent le long du Nil, depuis Khartoum jusqu'au Bahr-el-Arab. Ces Chillouks sont laids; ils raidissent et empâtent leurs cheveux avec de l'argile, de la gomme et de la bouse de vache.

La ville de Fachoda est située par environ 18° de latitude nord et 30° longitude est.

Ancienne capitale du roi des Chillouks, elle fut prise par les Égyptiens en 1863; ils y établirent une garnison et s'étendirent rapidement vers le sud. En 1870, le Bahr-el-Ghazal devint province égyptienne, ainsi que tout le pays arrosé par le Bahr-el-Djebel ou Nil Blanc; un grand nombre de postes égyptiens y furent fondés. En 1876, époque qui marque l'apogée de la puissance égyptienne, le khédive étendait son empire à l'ouest au delà du Dar-Fertit et au sud jusqu'à l'équateur, au lac Albert et à l'Ounyoro.

L'Égypte ne garda pas longtemps ces immenses possessions. La révolte du Mahdi (1881-84) détacha tous ces territoires du gouvernement du Caire, et ils tombèrent aux mains des Derviches. Le Bahr-el-Ghazal suivit d'abord le sort de tout le Soudan égyptien et fut gouverné par le khalife Abdulaï, qui établit sa capitale à Omdourman, en face de Khartoum. Mais quelques années plus tard des dissensions intérieures éclatèrent; une véritable anarchie régna dans le pays par suite des prétentions de plusieurs autres chefs musulmans et, à la faveur de ces troubles, les roitelets indigènes reprirent peu à peu leur indépendance. Cela est tellement vrai que les Français, en 1896-98, n'ont pas eu à combattre les Derviches et ont pu facilement traiter avec les chefs indigènes, seules autorités de ces régions.

L'extension du Gabon, où nous nous établîmes en 1843, puis du Congo français vers l'est, nous conduisit, à partir de 1885, à occuper le bassin de l'Oubanghi et de ses tributaires. Avant que la frontière franco-congolaise eût été fixée par l'accord du 14 août 1894, les Belges avaient cherché à s'étendre au Bahr-el-Ghazal et même plus au nord-est. Ce sont là des faits peu connus qu'il est bon de rappeler.

Tandis que la France se contentait d'établir son poste le plus avancé au nord-est du Congo, aux Abiras, au confluent de l'Oullé et du M'Bomou (1892), les Belges fondaient de nombreuses stations bien plus au nord et à l'est. Un officier belge, le lieutenant de la Kéthulle, pénétrait même en 1893 jusqu'à Hofrah-en-Nahas, sur un affluent du Bahr-el-Arab, près du 10° degré latitude nord, à l'entrée du Darfour. Un autre, le lieutenant Hanolet, s'avançait en 1894 jusqu'au Rounga, un peu plus à l'ouest.

Conformément à la convention d'août 1894, les Belges évacuèrent leurs postes établis au nord de la frontière fixée et la France les réoccupa presque tous, mais nous n'avons pas été aussi loin depuis lors vers le Darfour et le Rounga que les Belges.

Après les conventions anglo-belge et franco-belge de 1894, un petit territoire, comprenant Lado (1) et situé à l'ouest du Nil Blanc et au sud du 5°30' latitude nord, fut incorporé dans la zone de l'État du Congo. Ce coin de terre, connu au temps de la domination khédivale sous le nom de Province équatoriale ou d'Équatoria, avait été conservé sous la domination d'Emin, son dernier gouverneur égyptien, jusqu'en 1889. Celui-ci parvint à maintenir ainsi son autorité au milieu des territoires musulmans, jusqu'au moment où les Anglais le forcèrent à évacuer ce pays. A la suite de cette évacuation, ce dernier vestige de la domination égyptienne était tombé aux mains des madhistes, mais les Belges y occupèrent Lado en 1892; la convention de 1894 ayant bien limité l'action congolaise, ils achevèrent l'occupation de la région ; leur dernière étape a été de Redjaf, sur le Nil Blanc, en février 1897, où s'intalla par le capitaine Chaltin, qui l'enleva aux madhistes.

Les Anglais, de leur côté, se sont adjugé, dans cette partie de l'Afrique, la rive droite du Nil Blanc; ils ont occupé Ouadelaï (2), au nord de l'Ounyoro, en 1894, mais n'ont pu aller au delà.

La France, enfin, en 1896-97, grâce aux missions Liotard et

(1) Lado, sur le Nil Blanc, fut fondé par les Egyptiens en 1873 pour remplacer Gondokoro ou Ismaïlia, situé en face, poste évacué par suite de son insalubrité.
(2) Ouadelaï, ancien poste égyptien, fut la dernière résidence d'Emin, qui ne la quitta qu'en 1889.

Marchand, s'est établie dans tout le bassin du Bahr-el-Ghazal et enfin à Fachoda en 1898, où les Anglais ne sont arrivés que peu de temps après.

TYPES SANDEH.
Homme.   Femme.

Les anciens territoires égyptiens au sud du 10e degré latitude nord sont donc actuellement presque complètement occupés par la France, par l'Angleterre et par l'État belge du Congo.

**

On se rappelle comment les Anglais s'installèrent aux bouches du Nil en 1882, malgré les protestations trop timides de la France.

L'insurrection religieuse des mahdistes acheva en 1885, après la chute de Khartoum, de démembrer l'Égypte, dont la frontière s'arrêta à Ouadi-Halfa. Depuis lors, l'Angleterre déclara en plusieurs occasions qu'elle évacuerait l'Égypte lorsque la tranquillité y serait rétablie; jamais elle n'a tenu cette promesse, et le khédive est devenu le docile instrument du gouvernement britannique.

Plus tard, en 1886, les Anglais s'établirent à Zanzibar et sur la côte de l'océan Indien; ils se partagèrent cette région avec l'Allemagne; ils s'avancèrent peu à peu dans l'intérieur jusqu'à l'Ouganda (1892), et l'expédition Stanley, en 1889, ramena à la côte, de gré ou plutôt de force, Emin (qui avait su maintenir, malgré les mahdistes, sous son autorité, au nom du khédive, la province d'Équatoria), dans le but de mettre fin à toute autorité égyptienne, se réservant dix ans plus tard d'y substituer l'influence britannique (1) ou de la donner aux Belges pour avoir le champ libre à côté.

Depuis longtemps on rêvait à Londres d'une Afrique britannique, de l'Égypte au Cap de Bonne-Espérance, avec un télégraphe et un chemin de fer du Cap à Alexandrie. C'est surtout M. Cecil Rhodes, le grand homme d'État de l'Afrique australe anglaise,

MOUTONS DINKAS.

célèbre par ses visées ambitieuses (et par la tentative avortée qu'il fit faire sur le Transvaal en 1895), qui s'est fait le champion de

---

(1) Emin avait été autorisé d'ailleurs par l'Égypte à évacuer les provinces équatoriales, comme le prouve une lettre écrite à Emin en 1885 par Nubar-Pacha, président du conseil des ministres au Caire. Mais Emin, quoique sans secours, avait réussi à se maintenir, ce qui gênait les Anglais pour l'avenir.

cette idée. La prise de possession par les Allemands des régions situées entre Zanzibar et les grands lacs, jusqu'aux frontières de

LES AFRICAINS CÉLÉBRANT LA DÉFAITE DU MAHDI.

l'État du Congo, interrompit ce beau rêve. « Mais, malgré sa rupture, dit M. Georges Demanche dans la *Revue française*, les morceaux en étaient encore bons et, du Cap au lac Tanganyka d'un côté, de l'Ouganda en Égypte de l'autre, la voie était encore libre. Dans l'Afrique australe, le projet est réalisé par l'achèvement du télégraphe jusqu'aux lacs Nyassa et Tanganyka, qui sera bientôt suivi de la voie ferrée.

Pour l'Afrique centrale, il y a plus de difficultés. En mai 1894, pourtant, les Anglais crurent arriver à leurs fins. Ils signèrent une convention avec l'État belge du Congo par laquelle ce dernier leur cédait à bail une bande de 25 kilomètres de territoire unissant leur Afrique orientale avec leurs possessions de l'Afrique du sud, entre les lacs Albert-Édouard et Tanganyka, moyennant la cession à bail, à l'État du Congo, du territoire de l'Equatoria et du Bahr-el-Ghazal, anciennes provinces égyptiennes abandonnées et où jamais les Anglais n'avaient exercé de droits (1). Cet accord parut si grotesque que les Anglais n'insistèrent même pas sur son bien-fondé après les protestations de la France et de l'Allemagne; cette dernière fit supprimer la clause de la bande de 25 kilomètres, qui lui aurait donné pour voisin, à l'ouest de son Afrique orientale, l'Angleterre au lieu de l'État du Congo. Du côté français, une convention franco-congolaise d'août 1894, en fixant la frontière commune, ne laissa à l'État du Congo que l'Équatoria.

Mais avant ce dernier accord, diverses tentatives avaient été faites dans la région du Haut-Nil. A la suite du conflit survenu avec l'État du Congo au sujet de la frontière du M'Bomou, la France envoyait sur l'Oubanghi, en 1894, le colonel Monteil avec des forces imposantes. Les Anglais s'émurent, craignant d'être prévenus sur le Nil; de l'Ouganda, ils organisèrent une expédition qui, sous les ordres du colonel Colville, traversa l'Ounyoro et s'avança dans la région d'Ouadelaï. Le lieutenant Cunningham s'avança même jusqu'à Douflilé.

L'accord entre la France et l'État du Congo étant intervenu sur ces entrefaites, l'expédition Monteil fut rappelée; il en fut de même du colonel Colville, qui abandonna la région qu'il avait parcourue.

D'autre part, M. Liotard, nommé commissaire dans l'Oubanghi, s'occupa de prendre possession des régions que les Belges (2) nous remettaient et les organisa; ce travail demanda deux ans. Puis, lorsque des accords furent passés avec les principaux chefs indigènes, on songea à la marche vers le Nil et le capitaine Marchand fut chargé de cette tâche.

Nous nous permettons de rappeler ici que nous avions nous-même préconisé l'occupation du Bahr-el-Ghazal il y a quatre ans

(1) Cette convention anglo-congolaise de 1894 était une plaisanterie diplomatique analogue à celle que serait, par exemple, un traité par lequel la France donnerait à l'Italie la Tripolitaine, qui ne lui appartient pas, contre la cession de la Sardaigne.

(2) On sait que l'Etat du Congo est une colonie belge déguisée; le roi Léopold II en est le souverain.

et demi (1), à une époque où les Anglais étaient loin de Khartoum et même de Dongola. Sans vouloir revenir sur le passé, nous croyons ne pas être démenti en affirmant qu'une occupation de Fachoda, vieille de trois ou quatre ans, aurait été bien plus significative en face des prétentions britanniques qu'une avance de quelques jours, suffisante en fait évidemment, mais qui, en regard de la diplomatie britannique, a eu moins de valeur qu'un fait depuis longtemps accompli.

Nous aurions eu le temps depuis d'organiser le pays, de nous y installer très solidement, d'y établir le télégraphe et des routes, en un mot de lui assurer une organisation qui aurait certainement donné à réfléchir de l'autre côté du détroit, où l'on ne cède que lorsqu'on montre « bec et ongles ».

Au moment où la mission Marchand s'organisait pour souder le Congo français au Nil, nos bons rapports avec le négus Ménélik venait d'infliger aux Italiens le désastre que l'on sait. Ce résultat permettait d'envoyer une autre expédition qui, de notre possession d'Obock-Tadjoura, avait mission, par l'Abyssinie, de rejoindre aussi le Nil et d'opposer ainsi à la formule anglaise une Afrique française du Gabon à Obock, de l'Atlantique à la mer Rouge, de l'est à l'ouest de l'Afrique, sur une longueur de 3,800 kilomètres ! Ce dernier rêve n'a pas encore été réalisé, mais si nous savons profiter des avantages déjà acquis, nul doute que nous n'arrivions à opérer cette soudure tant désirée, qui viendrait compléter d'une façon si grandiose celle déjà faite du Sénégal à la Côte d'Ivoire, au Dahomey, au Soudan, au lac Tchad et au Congo. Le jour n'est pas éloigné, grâce à la réunion en un seul faisceau de nos diverses possessions africaines, où l'on pourra se rendre de Paris au Congo, plus bas que l'équateur, à travers des terres ou des eaux exclusivement françaises, sur une longueur d'environ 6,000 kilomètres !

**

Le capitaine, depuis commandant, Marchand, connu pour ses belles explorations au Soudan français, eut l'honneur de se voir confier la mission d'asseoir enfin la domination française sur le Nil, tant désirée par tous les coloniaux français. Il s'embarqua à Marseille le 25 juin 1896 avec 12 Européens (2); débarqua au Gabon et se rendit par terre de Loango à Brazzaville sur le Congo,

---

(1) Voir les articles de PAUL BARRÉ dans la *Géographie* du 1er novembre 1894 et du 20 août 1896.

(2) Parmi ces derniers, citons les capitaines Mangin et Germain, le lieutenant Largeau, le lieutenant de vaisseau Morin, le capitaine Baratier, le capitaine Simon (ce dernier, tombé malade sur l'Oubanghi, dut revenir en Algérie, où il mourut en décembre 1897), l'enseigne de vaisseau Dyé, le médecin Emily, l'administrateur Bobichon, l'interprète Landeroin. Le capitaine Roulet les rejoignit plus tard.

obligé de se frayer une route lui-même, par suite de la mutinerie des porteurs. Des retards imprévus, des difficultés de transport énormes contraignirent notre compatriote à rester longtemps à Brazzaville. Il ne quitta ce point qu'en mars 1897 et remonta le Congo, puis son grand affluent l'Oubanghi, qui forme la limite franco-congolaise. A Banghi, on atteignit les premiers rapides, et la marche en avant se continua par l'Oubanghi jusqu'au poste français des Abivas au confluent de l'Oubanghi et de l'Ouellémakoua (cette dernière rivière coulant en territoire exclusivement belge). C'est là que s'arrêtait l'occupation française en 1892, mais depuis on s'était avancé vers l'est jusqu'à Sémio ou Zémio (1894), à 350 kilomètres plus loin, à quelque distance du M'Bomou.

TYPE CHILLOUK. (HOMME.)

Le service de transport du matériel de la mission fut confié à l'enseigne de vaisseau H. Dyé, monté sur la canonnière en acier *Faidherbe*. M. Dyé remonta, à la fin d'avril 1897, jusqu'aux chutes d'Ouanga, près du confluent du M'Bomou.

JEUNE FILLE CHILLOUK.

La concentration fut longue et difficile. Pendant ce temps, M. Liotard, depuis longtemps sur le M'Bomou, préparait la marche en avant, négociait avec les chefs de Bangasso, de Rafaï, de Sémio et de Tamboura, établissait des postes en ces points (1), s'assurait les bonnes dispositions des naturels par de gros cadeaux, obtenait les porteurs nécessaires au transport des ravitaillements et de la flottille (qu'il fallait démonter et charger à dos d'hommes) et recrutait de nombreux auxiliaires indigènes.

Enfin M. Liotard, passant par le poste de Djénia (au nord de Sémio), descendit le premier pour la deuxième fois, dans le bassin du Nil et occupa Dem-Ziber; il fut obligé d'entreprendre des plantations de mil pour assurer l'existence de sa troupe (juin 1897), la région étant en ruine.

La mission Liotard avait déjà établi deux postes français dans le bassin du Bahr-el-Ghazal :

PIPES CHILLOUKS.

(1) Les postes de Bangasso, Rafaï et Sémio, au nord du M'Bomou, furent occupés par M. Liotard en 1894-95, après leur évacuation par les Belges qui les avaient fondés en 1891-93 et que la convention franco-belge de 1894 laissa à la France. Le poste de Tamboura, le premier poste français établi dans le bassin du Nil, sur le Haut-Soueh, fut établi en février 1896. C'est donc M. Liotard qui, le premier, a planté sur un tributaire du Nil le drapeau tricolore.

l'un à Tamboura, dans le sud; l'autre à Dem-Ziber, à l'ouest.
Pendant que M. Liotard pénétrait dans le nord-ouest du Bahr-

FERME SANDEH.

el-Ghazal, le capitaine Marchand, remontant le M'Bomou, puis son affluent le Bokou, et franchissant à son tour la ligne de faîte des bassins du Congo et du Nil, pénétrait dans ce dernier bassin et atteignait Tamboura, sur le Soueh (juillet 1897), où il consolidait le poste précédemment établi et le complétait par l'occupation du Fort-Hossinger (1), un peu plus au nord, toujours sur le Soueh. Il créer une route pour contourner les chutes du M'Bomou, puis fit rendit praticable la route de Sémio à Tamboura, afin d'assurer ses derrières. 3,000 porteurs, fournis par les sultans amis de Rafaï et de Sémio, s'attelèrent aux vapeurs *Faidherbe* et *Duc-d'Uzès* (de chacun 18 mètres de longueur) et aux chalands en aluminium *Pleigneur*, *Crampel* et *Lauzière* (2) démontés, et les transportèrent, ainsi que tout le matériel de la mission et ses approvisionnements, du bassin du M'Bomou dans celui du haut Bahr-el-Ghazal. Ce transport à dos d'homme fut un véritable tour de force, il s'exécuta sur un parcours d'environ 1,000 kilomètres, jusqu'à ce qu'on pût trouver une rivière navigable, à travers un pays sans routes, tantôt sous un soleil ardent, tantôt sous des pluies torrentielles, et successivement à travers la brousse, la forêt, les marécages et les rochers! Le moral de la troupe ne cessa pas d'être excellent et, malgré les privations, la santé de tous n'a été que peu éprouvée.

M. Liotard, après avoir solidement installé le poste de Dem-Ziber (Dem-Soliman), où il laissa une petite troupe, rentra au poste de Zémio (Sémio), puis redescendit le Congo et se dirigea sur la France.

La mission Marchand, restée seule au Bahr-el-Ghazal (3), comptait alors 17 blancs, dont 9 officiers.

Pendant que MM. Germain, Dyé, Bobichon et Nicolas s'occupaient des travaux de concentration à Tamboura, où tout le matériel était au complet en décembre 1897, un fort était bâti un peu au nord, à Kodjoli.

Le capitaine Marchand, avec le capitaine Baratier et l'interprète Lauderoin, se dirigeait à l'est, passait à Roumbeck et parvenait jusqu'à 80 kilomètres de Lado. En même temps, les lieutenants Mangin et Largeau et le docteur Émily se dirigeaient vers le nord et fondaient un poste à Djour-Ghattas, sur la rivière Djour (4), puis un autre poste à Koutchouk-Ali (près du confluent du Vaou et du Soueh) et un troisième poste à Meschra-el-Rek, au confluent du Soueh et des autres rivières qui forment le Bahr-el-Ghazal (mars 1898). Les chalands et la canonnière *Faidherbe* avaient été montés et lancés sur le Soueh à Koutchouk-Ali, en décembre 1897, où avait passé autrefois l'explorateur Schweinfurth. La

(1) Hossinger est le nom d'un capitaine, collaborateur de M. Liotard et mort au centre de l'Afrique.

(2) Noms de trois explorateurs qui trouvèrent la mort au nord du Congo français. Voir *Bibliothèque illustrée des voyages*, n° 50. — *Le Congo français*, par J. DYBOWSKI.

(3) Il faut signaler ici ce fait curieux que M. Liotard et M. Marchand ne se sont jamais vus, car ils ont opéré dans des régions différentes!

(4) Le Soueh porte aussi, dans la partie supérieure de son cours, le nom de Djour.

mission fut encore retardée par la baisse des eaux et établit son campement à Fort-Desaix, sur le Soueh, au confluent du Vaou (janvier 1898).

Le capitaine Marchand chargea alors le capitaine Baratier, l'interprète Landeroin et 20 hommes d'aller reconnaître en pirogues le cours inférieur du Soueh et du Bahr-el-Ghazal. Parti le 12 janvier 1898, le capitaine Baratier traversa au prix de mille difficultés des marais se suivant à l'infini et couverts de papyrus, de roseaux et d'herbes gigantesques.

Pendant un mois et demi, il fut presque perdu dans ce vaste marécage, n'ayant pas aperçu un seul habitant et n'ayant pour vivre que le produit de sa chasse. Enfin, il trouva un courant rapide, le Bahr-el-Ghazal, qui le conduisit en quelques jours au lac Nô. Il revint alors trouver son chef. Le lieutenant Larjeau avait en même temps atteint le Nil par la rivière et rencontré M. Baratier.

Le Bahr-el-Ghazal est navigable à partir de Meschra-el-Rek; on quitta ce point vers mai, on y lança les vapeurs et on remonta jusqu'à Fachoda, où fut déployé le drapeau tricolore (10 juillet 1898).

La mission Marchand a été ravitaillée par le capitaine E. Roulet, puis par le capitaine Delafond.

Fachoda est, à vol d'oiseau, à 2,700 kilomètres environ du Gabon, soit plus de deux fois et demie la longueur de la France! De Fort-Desaix on met trois semaines par vapeur et un mois par pirogue pour se rendre à Fachoda (1).

Impossible de donner une idée de l'énergie qu'il a fallu à une dizaine de blancs pour arriver à un pareil résultat, avec des moyens presque rudimentaires. Combien moins glorieux sont les succès bruyants du sirdar Kitchener, à la tête d'une expédition outillée à merveille, pourvue de tout le confortable. Qu'on songe que pendant deux ans nos compatriotes ont souffert de privations sans nombre : pas de pain, pas de viande fraîche, pas de vin, et chaque jour de nouvelles fatigues! Enfin, une riche région a été atteinte.

M. Liotard est rentré en France par la voie du Congo, avec M. Bobichon.

Le capitaine Baratier a été envoyé en Europe par le commandant Marchand par la voie du Nil et de l'Égypte (2), porteur du rapport de la mission. Le capitaine Marchand lui-même a cru nécessaire

---

(1) Une lettre écrite de Port-Desaix, aux premiers jours de mai, est arrivée en France au milieu de septembre, soit au bout de 4 mois et demi.

(2) Le capitaine Baratier puis le capitaine Marchand ont ainsi effectué une traversée africaine qui n'avait jamais été faite, de Loango au Caire, par le Congo, l'Oubangui et le Bahr-el-Ghazal.

Le lieutenant Gouly mourut à Bia, près de Tamboura, des suites de fatigues, le 11 mars 1898.

de venir donner en personne des explications à son gouvernement.

La mission Marchand, dont le terrain avait été si bien préparé par M. Liotard, avait donc réussi au delà de toute espérance. La France était sur le Nil; elle s'y était installée sans coup férir!

*
* *

Quant à la mission de Bonchamps, partie de Djibouti, port de notre colonie d'Obock (février 1897), après avoir atteint Harrar, puis Addis-Ababa, où elle fut reçue à bras ouverts par Ménélik, négus d'Abyssinie, elle quitta ce point le 17 mai 1897 et se dirigea vers l'ouest; traversant l'Omo, elle atteignit la Didessa, affluent du Nil Bleu, puis s'approcha à moins d'un degré du Nil Blanc (30 décembre 1897), jusque près de Nasser, sur le Sobat ou Baro, au confluent du Djouba.

ARMES ET USTENSILES DES DINKAS.

Mais malheureusement le but, c'est-à-dire Fachoda et la jonction avec la mission Marchand, ne put être atteint. La mission de Bonchamps dut revenir en arrière faute de vivres, se trouvant dans un pays désert et marécageux, et perdit beaucoup de monde; elle se plaint aussi des mauvaises dispositions des populations à notre égard, contre l'attente presque générale.

Cependant, il faut remarquer que la mission de Bonchamps réussit à s'approcher à moins de 100 kilomètres seulement de Fachoda. Le ravitaillement de nos ports du Haut-Nil pourrait être bien facile par ce côté, car il n'y a que 1,200 kilomètres à vol d'oiseau de Fachoda à Djibouti (Obock) (1).

*
* *

Les Anglais, craignant d'être devancés sur le Haut-Nil, résolurent de tenter la jonction entre l'Égypte et la côte du Zanzibar.

---

(1) C'est d'ailleurs par cette route que la mission Marchand doit opérer son retour.

Tandis qu'ils organisaient les expéditions qui, sous les ordres du sirdar Kitchener, devaient, sous le couvert du khédive et avec l'aide des forces égyptiennes, conduire à la reprise de Dongola (1896), puis de Berber (1897) et de Khartoum (août 1898) sur les madhistes, ils tentaient des pourparlers avec le négus de l'Abyssinie. La mission Rennell Rodd, envoyée auprès de Ménélik, fut en réalité un échec (1897). Mais une expédition de 2,000 hommes

POSITIONS ACTUELLES DES FRANÇAIS ET DES ANGLAIS.

s'organisa sous les ordres du major Macdonald et quitta Mombassa, sur l'océan Indien, en juin 1897, ayant Fachoda pour objectif. Cette expédition fut arrêtée par la défection d'une partie de son effectif. Les Soudanais de l'Ouganda, anciens soldats d'Emin-Pacha, qu'on avait adjoints à la colonne, refusèrent d'aller plus loin et une révolte grave se produisit, entraînant le massacre d'Européens et l'arrêt complet de la marche en avant (novembre 1897). Une autre expédition anglaise, celle de M. Cavendish, fut organisée dans la même région au commencement de 1898. Mais les troubles de l'Ouganda n'ont pas permis aux Anglais d'arriver à leurs fins de ce côté.

La reprise de Khartoum (Omdourman) et du Soudan oriental a été faite au nom du khédive, avec le concours de l'armée égyptienne, mais avec l'assistance des forces anglaises et sous la direction d'un général anglais; c'est aux frais de l'Égypte, mais aussi avec l'aide du trésor britannique, que s'est faite l'expédition.

Au lendemain de cette grande victoire, une flottille remonta le Nil jusqu'à Fachoda, à 600 kilomètres. Quelle ne fut pas la désagréable surprise du sirdar Kitchener de voir flotter sur ce point le drapeau tricolore! Le sirdar invita le commandant Marchand, qui y était avec 8 officiers et 120 soldats indigènes, à se retirer; ce dernier refusa énergiquement : le sirdar établit une garnison à côté du poste français et puis rentra en Égypte. Fachoda vit donc flotter à la fois les drapeaux français, anglais et égyptien.

Les Anglais soutinrent que nous avions violé les droits de l'Égypte, qu'elle prétend défendre. Il suffira, pour répondre à cette assertion, d'énumérer ici, à titre de curiosité, les principales occasions dans lesquelles l'Angleterre a foulé elle-même aux pieds sans vergogne les droits de l'Égypte :

1° En 1882, en occupant l'Égypte à titre provisoire, et en s'y maintenant depuis seize ans, sous prétexte d'y assurer un ordre qui n'a jamais été troublé que par les Anglais eux-mêmes;

2° En 1884, en occupant Zeila et Berbera, ports égyptiens sur le golfe d'Aden, et en rapatriant les garnisons;

3° En 1885, en cédant aux Italiens, et en apparence au nom de l'Égypte, le port égyptien de Massaouah, sur la mer Rouge;

4° En 1889, en chargeant Stanley de ramener de force à la côte Émin-Pacha (qui avait pu conserver, au milieu des mahdistes, et malgré son isolement, la province d'Équatoria au nom du khédive), et en enrôlant les anciens soldats égyptiens de cette province pour le compte de leur colonie d'Afrique orientale;

5° Le 1er juillet 1890, en faisant déclarer dans une convention anglo-allemande que le bassin du Nil entier était dans la zone britannique;

6° Le 15 avril 1891, en se partageant avec l'Italie les anciens territoires sud-orientaux de l'Égypte, et en permettant aux Italiens d'occuper provisoirement Kassala, ancien poste égyptien, rétrocédé aux Anglais en 1897 (1);

7° Le 12 mai 1894, en donnant à bail à l'État belge du Congo l'Équatoria et le Bahr-el-Ghazal, comme si ces territoires lui avaient appartenu!

Après cela, les commentaires sont inutiles.

On sait le reste. Le commandant Marchand a reçu de son gouvernement l'ordre de quitter Fachoda, mais la question du Bahr-

---

(1) Cet accord est devenu à peu près nul, puisqu'il plaçait l'Abyssinie dans la zone italienne, et que depuis, en 1896, l'Italie vaincue a dû reconnaître l'indépendance de Ménélik.

el-Ghazal reste entière. Elle ne saurait se résoudre en un jour, trop d'intérêts divers y sont en jeu. Le Bahr-el-Chazal offre à ceux qui le convoitent des ressources qu'on mettra certainement à profit. Schweinfurth en parle même avec un certain enthousiasme, quoique le Dr Cureau (*Revue coloniale*, novembre 1898) ne soit pas de cet avis, en ce qui concerne la région septentrionale, qu'il dit assez pauvre.

« Le pays de Dem-Ziber, dit-il, représente une des étapes de la formation des régions désertiques.

« L'état des eaux n'est pas seul à indiquer l'approche du désert. Les températures sont extrêmes entre le jour et la nuit : 35° à 38° vers midi ; 6° seulement vers cinq heures du matin.

« En hiver, la sécheresse est absolue. Il règne dans l'eau un brouillard lumineux, constitué par une impalpable poussière que soulèvent les vents violents d'est-nord-est. La vue, même aidée de lunettes, s'étend à peine à une vingtaine de kilomètres. La saison sèche est notablement plus longue que dans le sud ; elle dure près de huit mois, d'octobre en juin.

« Pendant le khamsin, les orages sont d'une grande violence et accompagnés de pluies diluviennes mais sans durée ; ils se reproduisent tous les trois ou quatre jours en année moyenne.

« Les cultures tentées au début de notre occupation, sur le bord de l'Oudjoukou, n'y ont pas réussi ; les mauvaises conditions du sol, les alternatives de sécheresse et de pluies torrentielles, l'invasion des sauterelles, en ont eu vite raison.

« Le sorgho est la seule céréale cultivée par les indigènes. L'arachide y est assez abondante ; il faut y joindre des haricots rouges et de rares patates.

« Les plantes importées par nos prédécesseurs témoignent aussi de l'infertilité du sol et de l'action défavorable du climat : les ricins ont 50 à 60 centimètres de haut et des feuilles qui couvriraient à peine la main ; une touffe de trois ou quatre papayers a poussé de maigres et frêles tiges de 4 à 5 mètres de haut couronnées de quelques petites feuilles et ne produisent point de fruits ; la pourguère elle-même, pourtant si peu délicate, y est presque méconnaissable.

« En revanche, l'aloès et le cactus épineux font leur apparition, et, avec eux, de nombreuses espèces de légumineuses à longues épines, d'aspect maigre et contorsionné.

« Nulle part on n'entend de chants d'oiseaux, mais seulement le cri plaintif du milan ou du vautour, qu'on rencontre ici pour la première fois. L'autruche habite les rives du Bourou, ainsi que le rhinocéros ; la girafe vient jusque sur le Biri.

« La nuit, les hyènes et les chacals poussent des hurlements féroces. L'éléphant et de nombreuses espèces d'antilopes pullulent dans ces solitudes, où nul chasseur ne vient les inquiéter. »

Le négus d'Abyssinie ou d'Éthiopie prétend avoir des droits jusqu'à la rive droite du Nil Blanc, entre Duem (à l'est d'El-Obéid) et le confluent du Sobat; il prétend aussi englober le bassin du Sobat et le pays au sud jusqu'au lac Rodolphe, prétentions qui peuvent contrarier les Anglais, mais ne gênent nullement la France.

La solution logique qui s'imposerait, suivant nous, ce serait l'établissement de la zone définitive de chacun dans l'Afrique orientale et centrale, du lac Tchad à la mer Rouge. La France a tout avantage à ce que l'Abyssinie soit aussi grande que possible, afin d'empêcher à jamais aux Anglais la jonction de leur Afrique orientale à leurs possessions usurpées du Bas-Nil.

En attendant, nous avons voulu démontrer l'importance de la région du Bahr-el-Ghazal. Cette importance ne saurait être méconnue. Renoncer aujourd'hui au Bahr-el-Ghazal après tant d'efforts et l'évacuer comme nous avons fait de Fachoda, pour des raisons purement diplomatiques, constituerait une faute grave dont la répercussion se ferait fatalement sentir sur notre avenir colonial en Afrique.

PAUL BARRÉ.

TYPES DINKAS.

www.ingramcontent.com/pod-product-compliance
Lightning Source LLC
Chambersburg PA
CBHW060557050426
42451CB00011B/1952